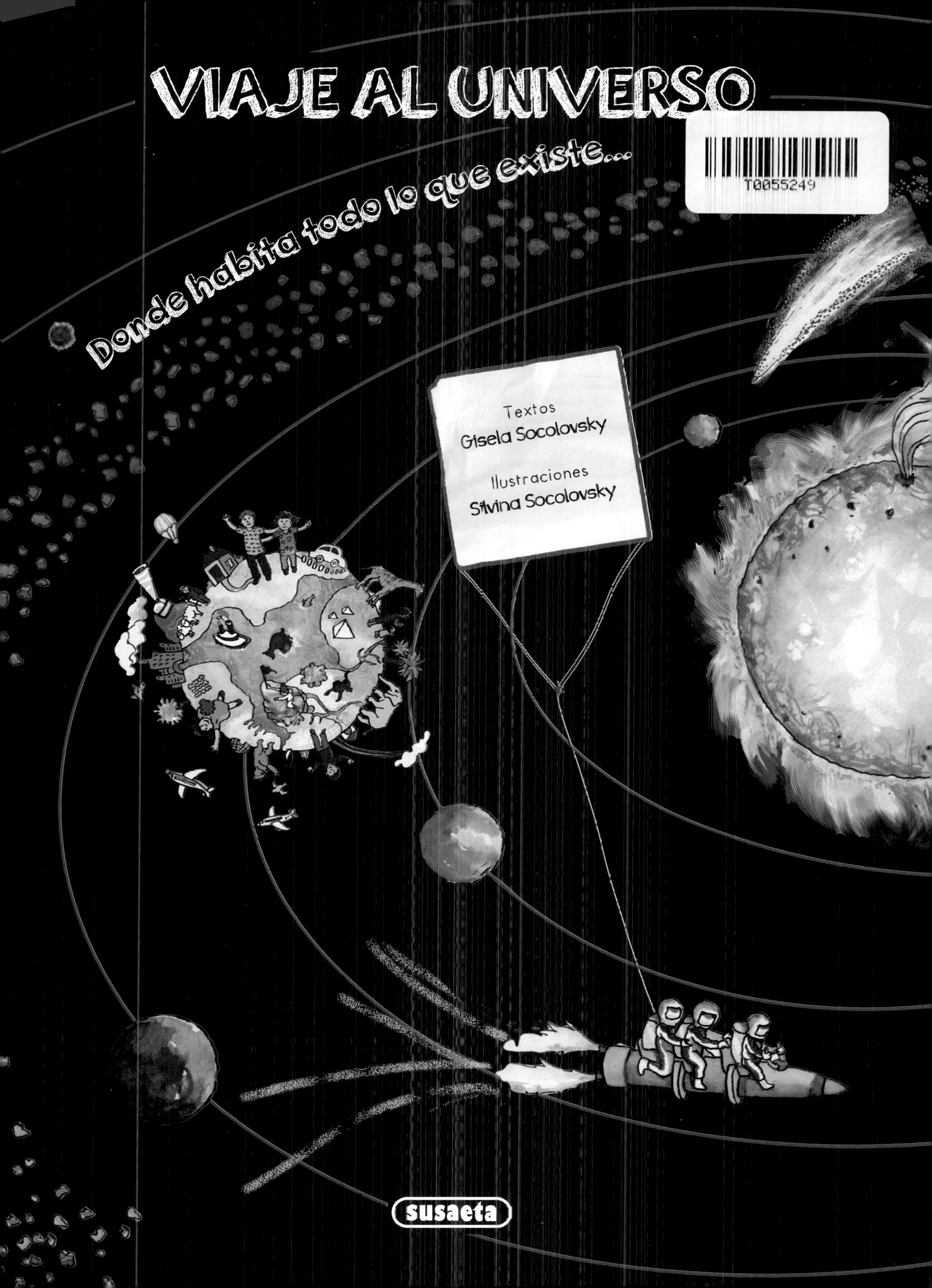
VIAJE AL UNIVERSO
Donde habita todo lo que existe...
Textos
Gisela Socolovsky
Ilustraciones
Silvina Socolovsky
susaeta

ASÍ EMPEZÓ TODO

LA TEORÍA DEL BIG BANG

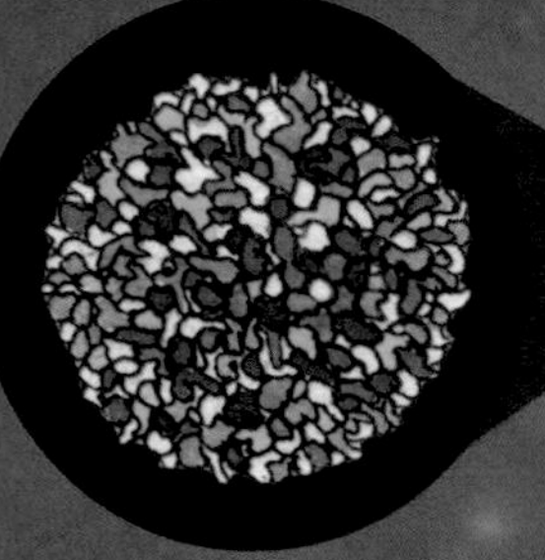

¡NACIMOS DE UNA GRAN EXPLOSIÓN!

Todo estaba concentrado en un punto. **¡Un punto más pequeño que la cabeza de un alfiler!**

Antes de que naciera el universo, no existía nada. **¡NADA! Ni el espacio ni los planetas... ¡Ni siquiera el tiempo!** ¿Te lo puedes imaginar?

Este punto estaba **tan apretado y caliente... ¡que explotó!** Esa fue la gran explosión: **¡el Big Bang!**

UN EMBUDO GIGANTE

¿Cómo fue apareciendo todo lo que existe? Los científicos representan la historia del universo como un embudo gigante.

Big Bang

¡Hace 14.000 millones años!

Unos segundos después de la gran explosión, **aparecieron las primeras partículas.**

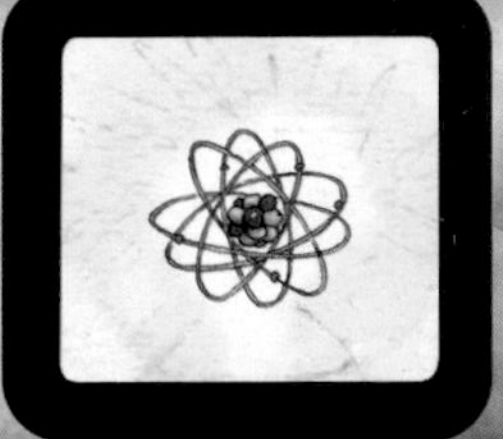

380.000 años después, aparecen los átomos.

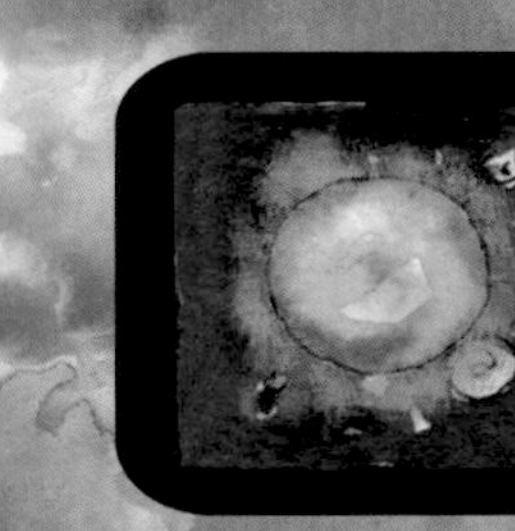

200 millones de años (m.a.) después, las primeras estrellas.

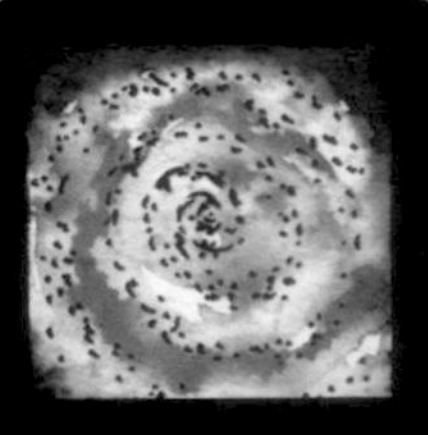

1.000 m.a. después, s formó la Vía Láctea.

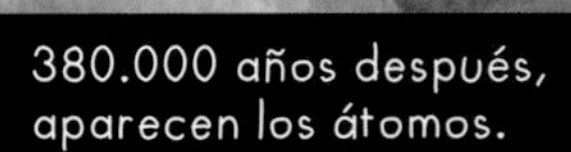

El **Big Bang** desprendió **materia** y **energía** en todas direcciones, a una velocidad tan enorme que aún hoy sigue expandiéndose. Como cuando inflas un globo...

El universo se va enfriando y se hace cada vez más y más grande.

EXPANSIÓN DEL UNIVERSO

¡HAZ LA PRUEBA!

Dibuja en un globo desinflado varios puntos, como si fueran galaxias; luego hínchalo. Se alejan, ¿verdad? **¡Imagínate que el globo es el universo en expansión!**

UN DESCUBRIMIENTO INCREÍBLE

El astrónomo **Edwin Hubble** observó en 1929 que las galaxias se alejaban unas de otras... Fue un avance muy importante, tanto que hay un telescopio espacial que lleva su nombre.

¿QUÉ HAY EN EL UNIVERSO?

Existen infinidad de **cuerpos celestes** de muy diferentes tamaños, colores, formas y temperaturas. La mayoría de la materia se agrupa formando **galaxias.** En ellas hay estrellas, sistemas planetarios, agujeros negros, polvo cósmico, gases, asteroides, meteoros y cometas. Además, **millones de ondas o radiaciones** viajan por el espacio, **en forma de luz y calor.**

Agujero negro

Estrellas

Meteorito

Galaxias

Planetas

MATERIA OSCURA

Ocupa gran parte del universo. Se llama así porque **no refleja la luz** y es un gran misterio para la ciencia. ¿A que da un poco de miedo?

El sistema solar nació hace 4.500 m.a.

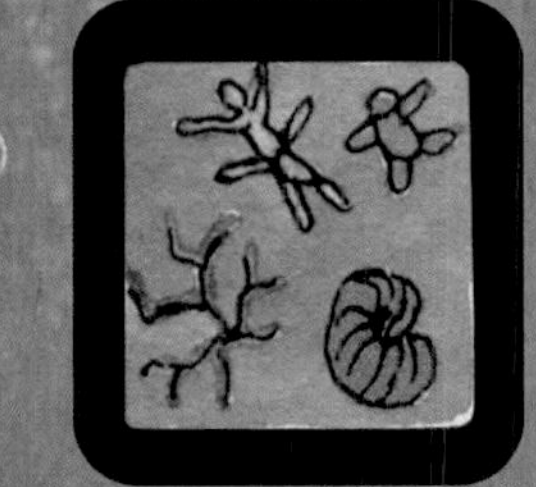

La vida en la Tierra surgió hace 3.500 m.a.

Los dinosaurios aparecieron hace 230 m.a.

Nuestros antepasados, hace 2,5 m.a.

El presente

Cometas

¡AÚN QUEDA MUCHO POR DESCUBRIR EN EL INMENSO COSMOS!

¡Súbete a la aventura con este libro!

Las fuerzas que mueven el universo

LA FUERZA DE GRAVEDAD

Hace que un cuerpo atraiga a otro. Es la que **nos mantiene pegados a la Tierra** y provoca que esta se mueva siguiendo una órbita alrededor del Sol.

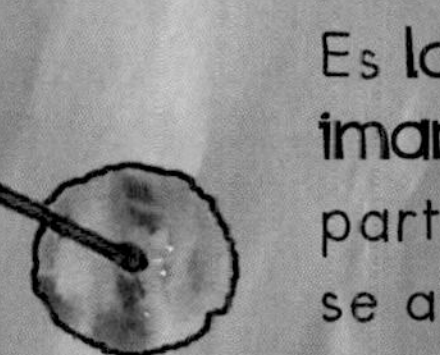

LA FUERZA NUCLEAR

Tiene lugar en el **núcleo de los átomos** y puede ser muy potente.

LA FUERZA ELECTROMAGNÉTICA

Es **la fuerza de los imanes.** Con ella las partículas eléctricas se atraen o repelen.

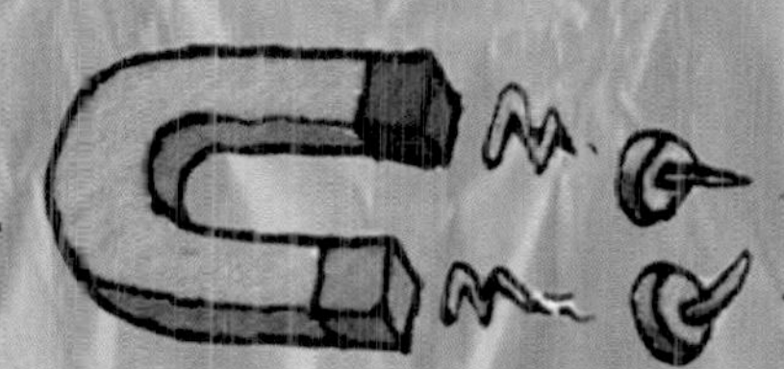

SOMOS UNA MOTA DE POLVO

¡El universo es increíblemente grande! ¡Más inmenso que todo lo que puedas imaginar!

¡ESTAMOS AQUÍ!

Nuestro lugar dentro del universo

El planeta Tierra forma parte del sistema solar, que está en la Vía Láctea, en un brazo espiral de esta galaxia llamado el «brazo de Orión».

Nadie conoce el tamaño exacto del universo. No se sabe dónde empieza ni dónde termina. Por eso, es muy difícil hacer un mapa completo del cosmos. **Solo conocemos una pequeña parte de él.**

Vía Láctea

Sistema solar

La Tierra

Brazo de Orión

¿GRANDE O PEQUEÑO?

Todo puede ser grande o pequeño según con qué lo comparemos. **Nuestra Tierra**, tan grande como la vemos, **es como una pequeñísima mota de polvo** dentro del universo.

La medida apropiada

Medimos a las hormigas en **milímetros.**

mm

m

La distancia entre dos puntos, en **metros.**

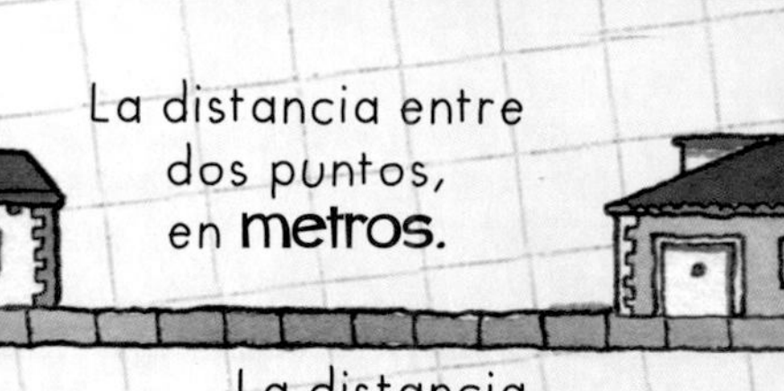

La distancia entre ciudades, en **kilómetros.**

km

Al

Para medir distancias tan gigantescas como las del universo, se inventaron los **años luz.**

¡CUÁNTOS CEROS!

La galaxia más cercana a nosotros, **Andrómeda**, está a 2,5 millones de años luz, que son nada menos que **23.651.827.000.000.000.000 km.**

EL TIEMPO EN EL ESPACIO

¿Crees que el tiempo transcurre igual siempre?

¿QUÉ ES UN AÑO LUZ?

Es la distancia que recorre la luz en un año. **¡Equivale a unos 9 billones y medio de kilómetros!**

LA VELOCIDAD DE LA LUZ

La luz viaja a una velocidad de récord: **300.000 km/segundo.** En el tiempo en que dices «uno», puede dar siete vueltas a la Tierra.

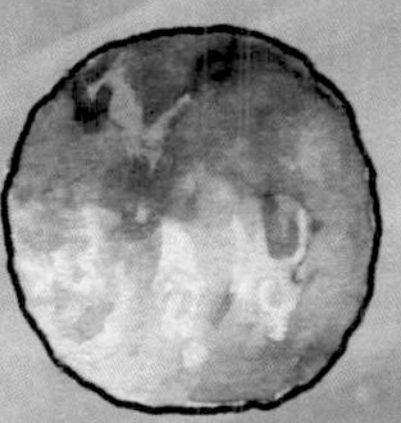

Todo es relativo...

EINSTEIN ERA UN GENIO

En su Teoría de la Relatividad explicó que **el TIEMPO y la VELOCIDAD de los cuerpos son relativos.**

Por ejemplo, si estás parado en el andén y pasa un tren a 100 km/h, **te parecerá que va más rápido** que si lo ves desde un coche que va a 90 km/h.

VIAJAR EN EL TIEMPO

Aunque es difícil de creer, hay científicos que piensan que algún día podremos viajar al futuro.

EL TIEMPO NO PASA SIEMPRE DE LA MISMA MANERA...

Imagina que viajas por el espacio a la **velocidad de la luz** (algo imposible en la actualidad) **durante 5 años...**

... cuando volvieras a la Tierra, tú habrías cumplido solo 5 años más, pero **tus amigos ya serían ancianos.**

GALAXIAS POR AQUÍ, ESTRELLAS POR ALLÁ

MILLONES Y MILLONES DE ESTRELLAS SE AGRUPAN EN MILES Y MILES DE GALAXIAS.

Estos enormes conjuntos de estrellas **se expanden continuamente, como todo el universo.** Al principio eran mucho más pequeñas y estaban más juntas.

Choque de galaxias

En su movimiento, se produjeron choques de galaxias, ¡unas explosiones enormes! **Algunas galaxias se unieron** y se volvieron más grandes.

TIPOS DE GALAXIAS

Nuestra galaxia es la Vía Láctea. Se ve como una gran franja blanca en el cielo nocturno.

VÍA LÁCTEA

Su nombre significa **'camino de leche'.** Tiene forma de espiral y se calcula que en ella hay entre 200.000 y 400.000 millones de estrellas.

Hay galaxias con diferentes formas y tamaños.

Forma de espiral

Andrómeda

Forma elíptica

Galaxia del Sombrero

Forma irregular

Gran Nube de Magallanes

OTRA FORMA DE VER

En medio de tanto polvo y gas de nebulosas y galaxias, es difícil distinguir las estrellas. Gracias a este **magnífico telescopio espacial** sabemos mucho más sobre ellas.

SPITZER

ES UN OBSERVATORIO ESPACIAL INFRARROJO.

Este telescopio es capaz de detectar un tipo de **luz que refleja la temperatura de los objetos.**

¡Mira cómo se ve esta ave con los infrarrojos!

VISIBLES E INVISIBLES

Nuestros ojos captan la luz, pero existen muchos tipos de ondas que no podemos ver.

Hay ondas invisibles que utilizamos a diario, cuando escuchamos la radio o usamos el microondas.

¿Te han hecho alguna vez una radiografía?

¿Sabías que existen más estrellas en el universo que granos de arena en la Tierra?

ORDENANDO ESTRELLAS

Para estudiar las estrellas, los astrónomos se fijan en distintos aspectos.

MAGNITUD

No todas las estrellas brillan igual. Algunas son hasta un millón de veces más **brillantes** que el Sol. En astronomía, se refieren a este aspecto al hablar de la magnitud de una estrella.

Antares

Betelgeuse

Sol

COLOR Y CALOR

¿Has notado que no todas las estrellas tienen el mismo color? Las más **frías son rojizas** y las más **calientes, azuladas.** El Sol, que tiene una temperatura intermedia, es amarillo.

TAMAÑO

El tamaño de una estrella depende de su edad. Se las nombra según el tamaño y el color: **enana** blanca, **gigante** roja o **supergigante** azul.

LA VIDA DE LAS ESTRELLAS

Están hechas de gas supercaliente, sobre todo hidrógeno y helio.

¿SABÍAS QUE CADA ESTRELLA QUE VES EN EL CIELO ES UNA ENORME BOLA DE FUEGO?

El hidrógeno se puede encontrar en casi toda la materia, ¡hasta en el aire y el agua de nuestro planeta!

LA ENERGÍA ATÓMICA es la más potente y está presente en el corazón de las estrellas.

LAS ESTRELLAS NACEN Y MUEREN.

AQUÍ NACEN LAS ESTRELLAS

NEBULOSA

En esta nube gigante de polvo y gas, las partículas se unen y comienzan a arder y a explotar. **Así dan origen a una estrella**, que evolucionará hasta su muerte.

PEQUEÑAS O MEDIANAS

Viven billones o trillones de años y mueren lentamente.

Así es nuestro Sol

Cuando se les acabe el combustible se transformarán en...

GIGANTE ROJA

Estas estrellas se van expandiendo cuando se agota el hidrógeno. Se vuelven tan grandes que se comen todo lo que las rodea.

ESTRELLAS MASIVAS

Son mucho más grandes y brillantes que el Sol. Viven menos, pero más intensamente.

Al consumir su hidrógeno, se vuelven enormes.

SUPERGIGANTE ROJA

Comienza a utilizar otros combustibles hasta que alcanza el hierro de su núcleo, entonces...

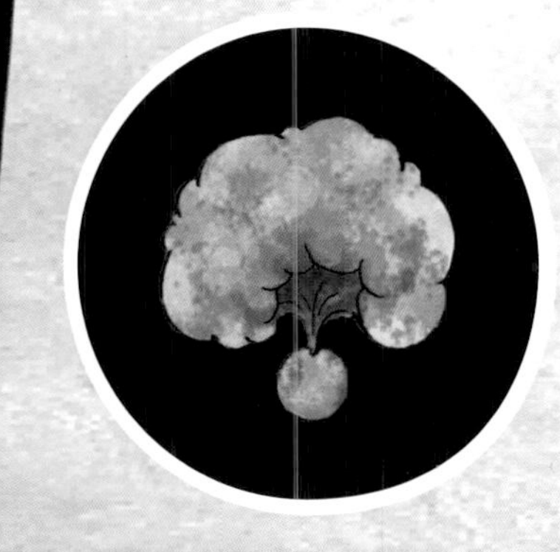

UNA PEQUEÑA PORCIÓN DE UNA ESTRELLA PODRÍA ENCENDER LA TIERRA ENTERA.

Con tanto calor y presión, **los átomos** se revuelven, chocan, se unen y explotan, como millones de bombas en un segundo. **¡Así se originan la luz y el calor de las estrellas!**

Así se acercan a su muerte.

NEBULOSA PLANETARIA

Casi toda la materia de la estrella se dispersa. Solo queda un núcleo a gran temperatura y muy brillante.

ENANA BLANCA

Este núcleo compacto es la enana blanca. Una cucharada de su masa puede pesar varias toneladas.

ENANA NEGRA

Es una enana blanca que se enfría y se vuelve invisible.

DOS FUERZAS LUCHAN EN UNA ESTRELLA

La **FUERZA DE LA GRAVEDAD** tira hacia adentro.

La **FUERZA DE LOS ÁTOMOS** lucha por escapar hacia fuera.

Ambas se mantienen **en equilibrio** durante casi toda la vida de la estrella.

SE CONVIERTE EN UNA SUPERNOVA.

Así mueren las estrellas masivas.

¡Se produce una enorme explosión que brilla **más que toda la galaxia!**

Toda la materia se dispersa, lo que queda es solo un núcleo pequeño y muy compacto.

ESTRELLAS DE NEUTRONES

Una porción de su materia del tamaño de una canica atravesaría toda la Tierra, debido a su peso.

Se puede contraer hasta volverse tan denso que absorbe todo a su alrededor.

AGUJERO NEGRO

Nada puede escapar a los agujeros negros, ni siquiera la luz.

NUESTRO SOL
UNA ESTRELLA ENTRE MILLONES

¡Uff, qué calor!

Hacia el Sol

¿PODEMOS VIAJAR AL SOL?

Claro que no, ¡nos quemaríamos! Imagínate cómo es de caliente el Sol: en la superficie tiene una temperatura de 5.000 °C, y en el núcleo, **¡15 millones de grados!** Y nosotros con 35 °C ya nos queremos meter en la piscina...

Siro

Antares

Galaxia M110

¡Qué grande es!

En él caben más de un millón de Tierras.

FELIZ CUMPLEAÑOS

¡Habría que poner 4.600 millones de velas!

EL FUTURO DEL SOL

Como todas las estrellas, el Sol también acabará sus reservas de hidrógeno. Se convertirá en una **gigante roja** y... ¡se tragará a la Tierra!

Pero **no te preocupes.** ¡Eso ocurrirá dentro de miles de millones de años!

Observa en qué etapa de su vida está el Sol:

NACIMIENTO DEL SOL

EL SOL AHORA

SUPERGIGANTE ROJA

ENANA BLANCA

Miles de millones de años

0 1 2 3 4 5 6 7 8 9 10 11 12 13 14

TAN LEJOS Y TAN CERCA

El Sol es la estrella más cercana a la Tierra.

Está **a 150 millones de kilómetros de distancia.** Y eso, en el universo, es bastante poco.

Tardaríamos en llegar en coche unos **170 años.**

¡Tanto como dar **4.000 vueltas** a la Tierra!

¡Su luz nos llega en 8 minutos!

Andrómeda

Galaxia del sombrero

El Sol

¿SE MUEVE EL SOL?

Aunque no nos demos cuenta, el Sol tiene sus propios movimientos de **rotación** y **traslación.**

El **Sol rota sobre sí mismo,** como una peonza. Como no es un sólido rígido, gira más rápido en el ecuador que en los polos. Tarda unos 30 días en dar una vuelta.

Además, **se desplaza alrededor del centro de nuestra galaxia,** la Vía Láctea. Tarda cerca de 230 millones de años en completar una vuelta.

¿CÓMO ES EL SOL?

Como una cebolla, el Sol tiene varias capas. Desde la Tierra solo vemos una de ellas, la fotosfera, que tiene algunas zonas oscuras, las manchas solares. Durante los eclipses solares podemos ver la cromosfera y la corona solar.

FOTOSFERA
Es la capa exterior del Sol, la que podemos observar normalmente.

NÚCLEO
Aquí se genera la energía del Sol. ¡La temperatura es más alta de lo que puedas imaginar!

CORONA SOLAR
Es la atmósfera del Sol, muy extensa y formada por gases muy calientes. En ella se producen explosiones y movimientos constantemente, a los que llamamos «actividad solar».

ZONA RADIANTE

ZONA CONVECTIVA

CROMOSFERA

MARAVILLAS SOLARES

Vemos al Sol como una pequeña esfera de luz...

GRACIAS A ÉL, TENEMOS LUZ, CALOR Y VIDA EN NUESTRO PLANETA.

RAYOS PELIGROSOS

El Sol tiene muchísima energía y emite millones de rayos que no vemos pero pueden hacernos daño. Por eso es necesario usar **protector solar en la piel.**

¡MUY IMPORTANTE!

Nunca mires al Sol si no tienes un aparato especial para ello; ni directamente ni con prismáticos o telescopio. **¡Podrías dañarte la vista!**

SI ES UNA ESTRELLA, ¿POR QUÉ LO VEMOS DE DÍA?

Al estar mucho más cerca que el resto de las estrellas, su luz tiñe el cielo de azul claro y oculta a los demás astros. Cuando no nos alumbra, hay oscuridad. **¡Es nuestra lámpara!**

Satélite averiado por el viento solar

UN PROYECTOR SOLAR

Con este sencillo método puedes observar el sol. Solo tienes que proyectar su luz con unos prismáticos sobre una cartulina blanca. Y recuerda: nunca uses los prismáticos para mirar el Sol.

AURORAS POLARES

Son un espectáculo inolvidable. Se producen cuando las radiaciones del Sol se acumulan en los polos terrestres y surgen **formas y colores** que bailan en el horizonte. En el Polo Norte tiene lugar la aurora boreal, y en el Polo Sur, la aurora austral.

¡Pero es una enorme bola de fuego!

¡QUEREMOS SABER MÁS SOBRE EL SOL!

Varias **sondas espaciales** estudian cómo influye el Sol en la Tierra. Tienen instrumentos para captar parte de la luz que nuestros ojos no llegan a ver.

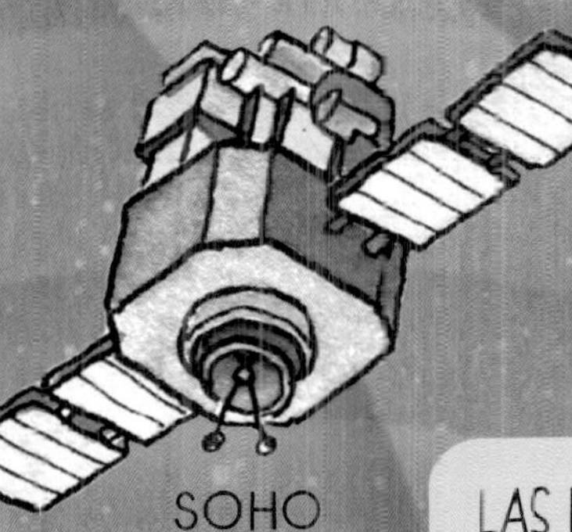

Este es **SOHO (Observatorio Heliosférico y Solar)**. Lleva 21 años observando el Sol desde el espacio y mandando magníficas fotos que nos ayudan a conocerlo mejor.

Ulises

LAS PROTUBERANCIAS

Son unas **lenguas de fuego** que van de la fotosfera a la corona solar. Miden miles de kilómetros.

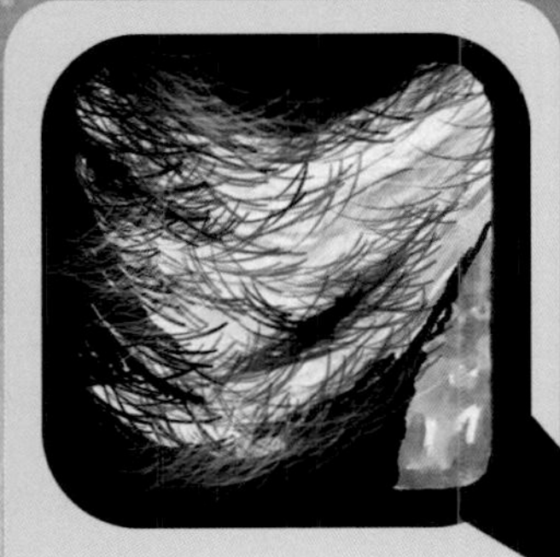

EL VIENTO SOLAR

Así se llama al **movimiento de los gases** que forman la corona del Sol, que puede llegar a todos los rincones del sistema solar.

LAS MANCHAS SOLARES

Son regiones con una temperatura más baja y una intensa **actividad magnética.**

LAS TORMENTAS SOLARES pueden afectar a la Tierra, alterando nuestras redes de energía eléctrica.

¿LA TIERRA TIENE UN CINTURÓN QUE LA PROTEGE?

Alrededor de la Tierra hay unas zonas en forma de anillo, llamados «cinturones de Van Allen», donde se concentran parte de las radiaciones solares.

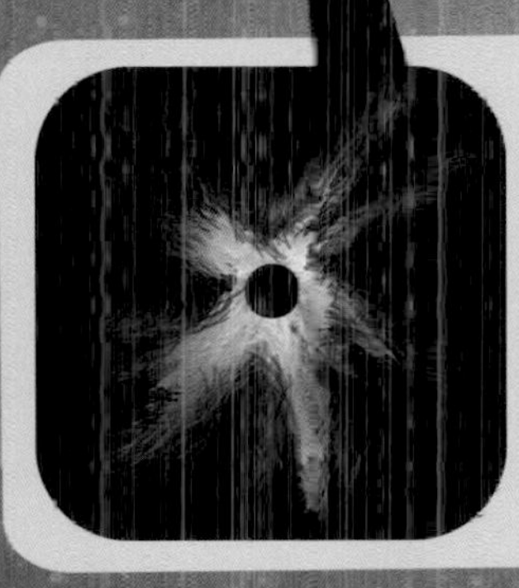

CORONÓGRAFO

Con el fin de estudiar la corona solar se inventó una **lente para el telescopio** que tapa todo el Sol salvo la corona.

UNA CASA MAGNÍFICA
NUESTRA TIERRA

¡Está colgada en el espacio!

¿Lo habías pensado alguna vez?

¡La Tierra está hecha de polvo de estrellas!

Como todos los objetos del universo, con los años se fue enfriando y luego se transformó en roca maciza.

¡PEGADOS AL SUELO! Si estamos rodeados de espacio vacío, ¿por qué no nos caemos?

MÍRATE LOS PIES
¿Sobre qué estás pisando?
El suelo que te sostiene forma parte de la Tierra.

CORTEZA

Es la superficie de la Tierra y donde se desarrollan todas las formas de vida.

NÚCLEO

Es el centro del planeta y funciona como un gran **imán.** Aquí hay rocas, hierro y otros metales líquidos incandescentes.

Genera una fuerza llamada MAGNETISMO. Gracias a ella funciona la brújula y otros objetos de uso cotidiano.

MANTO

La capa intermedia es de **roca viscosa,** como la miel.

Visto desde el espacio, nuestro planeta es azul. Esto se debe a la capa de aire que lo rodea, la atmósfera, y a la abundante agua que hay en su superficie.

LA GRAVEDAD

Esta fuerza tan potente nos atrae a la Tierra. Por eso todo lo que tiramos hacia arriba... cae.

¡HAZ LA PRUEBA!

LA IMPORTANCIA DE LA ATMÓSFERA

Esta capa de gas que recubre nuestro planeta es el fruto de la actividad de los volcanes durante miles y miles de años. Sin ella, no habría vida en la Tierra.

UNA CAPA PROTECTORA

Los meteoros que entran en la atmósfera se desintegran por el roce con los gases, sin llegar a impactar en la Tierra. Además, la atmósfera absorbe muchas radiaciones solares que podrían dañarnos.

Hemos aprendido a volar y flotar por la atmósfera.

El oxígeno de la atmósfera nos permite respirar.

TELESCOPIO ASTRONÓMICO

Desde aquí observamos el universo.

EL AGUA Y LA VIDA

El vapor de la atmósfera hizo posible **la lluvia**, que llenó los mares y océanos. Sin el agua, nunca hubiera surgido la vida en nuestro planeta.

¡En el agua aparecieron los primeros seres vivos!

¡Rayos y truenos!

EL TIEMPO ATMOSFÉRICO

Los desplazamientos de las masas de aire de la atmósfera dan lugar a los fenómenos meteorológicos.

¿Qué tiempo hará mañana?

Los aviones nos ayudan a desplazarnos.

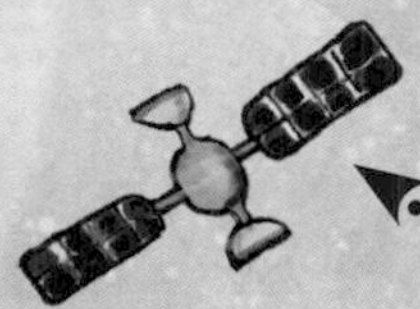

Utilizamos los satélites para comunicarnos y orientarnos.

CUIDAR EL PLANETA

Este bellísimo cuerpo celeste es nuestro hogar y el de muchas especies animales y vegetales. Tenemos la obligación de cuidarlo para que todos podamos vivir en las mejores condiciones.

¡Conocer el planeta es importante!
Viaja, lee, investiga... Conocer a fondo la Tierra nos ayudará a cuidarla mejor. ¡Y verás que es un tema apasionante!

LA TIERRA SE MUEVE...

¡Y NOSOTROS EN ELLA!

LA ROTACIÓN, COMO UNA PEONZA

La Tierra rota sobre su eje. **Tarda 24 horas en dar una vuelta** y al girar algunas zonas quedan en luz y otras en sombra, por eso tenemos los días y las noches.

¡CUÁNTOS MOVIMIENTOS!

La Tierra gira sobre su propio eje y se traslada alrededor del Sol. También se desplaza, junto a todo el sistema solar, por la Vía Láctea.

EL PASEO DE LAS HORAS

¿Te vienes a recorrerlo?

MIENTRAS ESTÁS QUIETO LEYENDO ESTE LIBRO, LA TIERRA GIRA A MÁS DE 1.600 KM/H.

1 2 3 4 5 6 7 8 9 10 11 12 13 14 15 16 17 18 19 20 21 22 23 24

No es la misma hora en todos los lugares de la Tierra.

En un mismo momento, en Japón, Argentina y España son horas distintas.

En España, son las 10 de la noche y hay que ir pensando en acostarse.

En Japón son las 7 de la mañana. ¡Hora de desayunar!

En Argentina son las 5 de la tarde. ¿Te apetece un paseo en bici?

¿Conoces el **ECUADOR**?

N

S

EJE DE LA TIERRA
Pasa por los polos Norte y Sur.

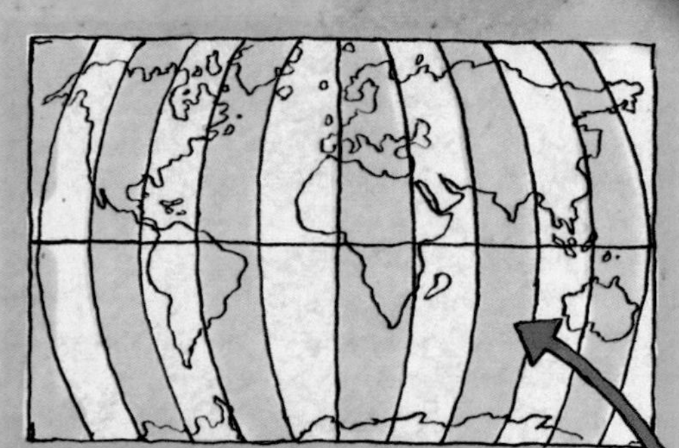

HUSOS HORARIOS

Son **franjas imaginarias** que indican la hora en cada lugar del planeta.

ROSA DE LOS VIENTOS

N
O E
S

Sirve para identificar los puntos cardinales. ¿Sabes cuáles son?

LA TRASLACIÓN. COMO UN TIOVIVO

La Tierra se desplaza alrededor del Sol, siguiendo la **ÓRBITA TERRESTRE**.

Tardamos un año en dar una vuelta, exactamente **365 días y 6 horas.**

Para ajustar esa pequeña diferencia, cada 4 años hay uno **bisiesto**, que tiene un día más.

NOVIEMBRE
OCTUBRE
DICIEMBRE
ENERO
SEPTIEMBRE
AGOSTO
JULIO
JUNIO
MAYO
ABRIL
MARZO

INVIERNO
Es la estación más fría: el Sol está lejos y no nos calienta tanto.

PRIMAVERA
Se va yendo el frío y la naturaleza se muestra en todo su esplendor.

Cuando en el hemisferio norte es **verano**, en el sur es **invierno** y a la inversa.

LAS 4 ESTACIONES

Como la Tierra está inclinada, siempre hay alguna zona más cerca del Sol.

OTOÑO
Muchos árboles pierden las hojas, y las noches son cada vez más largas.

VERANO
Es el momento en el que el Sol nos da más horas y con más intensidad. ¡Qué calor!

Verano

Invierno

A LA VEZ
En diferentes lugares del planeta hace mucho frío o calor.

¿Sabías que **en los polos** hay noches y días que duran 6 meses?

OBSERVA EL CIELO NOCTURNO

VEO, VEO... ¿QUÉ VES?

¡La Luna y miles de estrellas!

Mirar el cielo en una noche estrellada es muy interesante.

Hidra

Leo

Desde la antigüedad, el ser humano ha buscado las estrellas para orientarse.

¡Increíble!

EN UNA NOCHE SIN LUNA SE PUEDEN VER UNAS 6.000 ESTRELLAS.

TELESCOPIO

Con él se pueden apreciar los anillos de Saturno y los cráteres de la Luna. Este instrumento asombroso **permitió a los astrónomos aprender** mucho sobre el universo.

¿CONOCES LA BRÚJULA?

Por el mar o por el campo, siempre es útil llevar una brújula. Su aguja imantada **nos indica el norte**; así ubicamos los otros puntos cardinales y podemos orientarnos.

SEXTANTE

Este aparato lo usaban los navegantes para conocer la posición de un barco al medir el **ángulo entre el Sol y el horizonte.**

LAS CONSTELACIONES

Estos dibujos hechos a partir de las estrellas representan personajes fantásticos. Además de lo bonitos que son y la historia que tienen, **nos permiten situarnos y estudiar los movimientos de los astros.**

AHORA EL GPS

Hoy la tecnología nos permite saber dónde estamos gracias al **GPS**, que funciona con **los satélites.**

LAS ESTRELLAS MARCAN EL CAMINO

Conocer las constelaciones nos ayuda a orientarnos. Las estrellas fueron el primer instrumento que usaron nuestros antepasados para no perderse.

ASTROLABIO

Es un instrumento muy antiguo. Gracias a él los navegantes podían **medir la altura de los astros y saber la hora y el lugar** en el que se encontraban.

LUPAS PARA EL CIELO

¡GRACIAS, TELESCOPIO!

EL MEJOR ALIADO PARA DESCUBRIR EL UNIVERSO

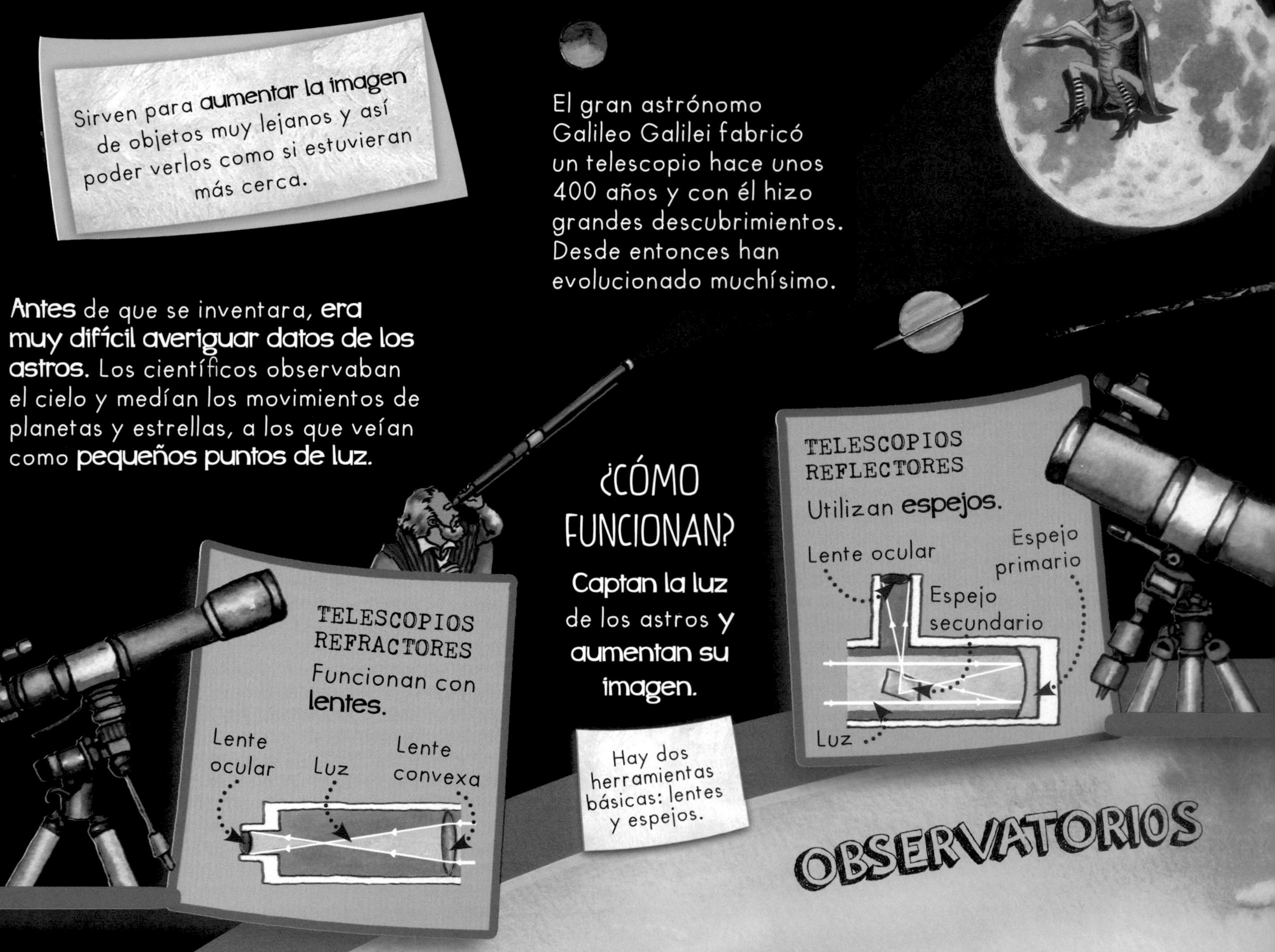

Sirven para **aumentar la imagen** de objetos muy lejanos y así poder verlos como si estuvieran más cerca.

El gran astrónomo Galileo Galilei fabricó un telescopio hace unos 400 años y con él hizo grandes descubrimientos. Desde entonces han evolucionado muchísimo.

Antes de que se inventara, **era muy difícil averiguar datos de los astros.** Los científicos observaban el cielo y medían los movimientos de planetas y estrellas, a los que veían como **pequeños puntos de luz.**

¿CÓMO FUNCIONAN?

Captan la luz de los astros **y aumentan su imagen.**

Hay dos herramientas básicas: lentes y espejos.

OBSERVATORIOS

En sitios elevados, lejos de las luces de la ciudad, podemos encontrar enormes **telescopios ópticos.** Suelen estar dentro de una **cúpula giratoria**, para poder observar en todas las direcciones.

EL GTC

Uno de los más grandes del mundo es el **Gran Telescopio Canarias.** Tiene un espejo de más de 10 metros y puede ver luz visible e infrarroja de nebulosas y galaxias.

Telescopios espaciales

Estos telescopios trabajan desde el espacio, por eso **pueden enviar imágenes muy nítidas** de lugares tan lejanos.

EL MARAVILLOSO HUBBLE

Paneles solares

Cámara

Espejo secundario

Espejo primario

Antenas de comunicación

Da vueltas alrededor de la Tierra, a casi 600 km de altura y orientado al universo. ¡Consigue fotos de objetos que están a más de 13.000 millones de años luz!

Así podemos ver la galaxia **Nube de Magallanes**.

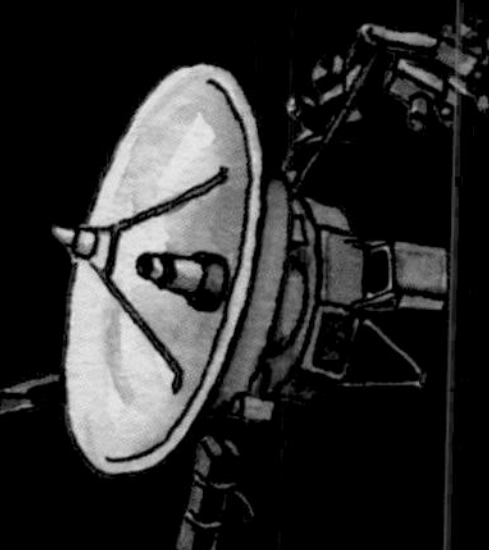

En 2013, una sonda espacial, la Voyager I, **salió del sistema solar** por primera vez.

SONDAS ESPACIALES

Son **observatorios espaciales enviados a investigar planetas** u otros astros. Las Voyager I y Voyager II orbitaron a Júpiter, Saturno, Urano y Neptuno.

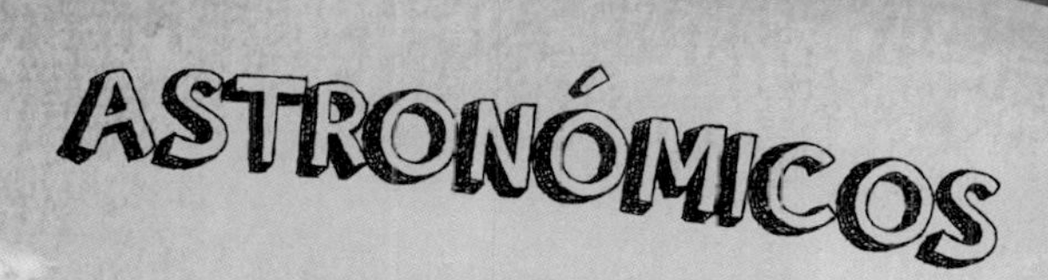

El satélite **TDRSS** transmite información del Hubble.

UN TODOTERRENO EN MARTE

Algunas naves llevan vehículos diseñados para posarse en el suelo de un planeta. El **Sojourner fue el primero en explorar Marte** y recogió imágenes e información durante tres meses.

ASTRONÓMICOS

RADIOTELESCOPIOS:

Reciben las ondas de radio que vienen del universo. Tienen unas enormes antenas para captar las ondas, que se graban y se envían a un ordenador para su estudio.

FAST

En 2016 comenzó a funcionar en China este gran radiotelescopio esférico, que cuenta con un **diámetro de 500 metros.**

EL UNIVERSO EN LA HISTORIA

En cada rincón del mundo y en todas las épocas, los diferentes pueblos interpretaron los astros y formaron su idea del universo. Así nació **la astronomía.**

LA EXPLICACIÓN DEL UNIVERSO

Claudio Ptolomeo

Vivió hace casi 2.000 años y fue el primero que dio una explicación científica del universo, aunque creía que la **Tierra estaba en el centro** y la Luna, los planetas y el Sol giraban a su alrededor.

Armilar

Nicolás Copérnico

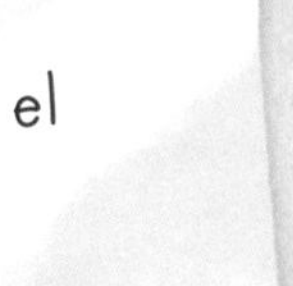

Defendió, contra la opinión dominante, que **la Tierra giraba alrededor del Sol** y no al revés, y que este era el centro del universo.

Galileo Galilei

Fue el primero en utilizar un telescopio para observar los astros y descubrió que **ni la Tierra ni el Sol eran el centro del universo**, sino que formaban parte de millones de estrellas y galaxias.

Sol

Tierra

Sistema solar

Tierra

Telescopio

MAGNÍFICOS MONUMENTOS

Civilizaciones muy antiguas utilizaron sus conocimientos de astronomía para diseñar obras inmensas.

Stonehenge

Estas enormes piedras del Neolítico están colocadas de forma que muestran un alineamiento con la Luna y el Sol.

Machu Picchu

Son unas ruinas de una ciudad inca. Allí hubo un observatorio astronómico desde donde estudiaban los movimientos del Sol.

Pirámides de Egipto

Las pirámides de Guiza están colocadas como las tres estrellas centrales del cinturón de Orión.

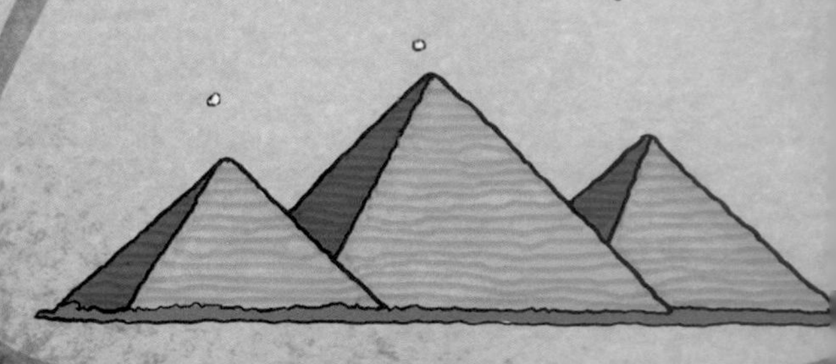

ORDENAR Y MEDIR EL TIEMPO

Los movimientos del Sol y la Luna en el cielo fueron durante mucho tiempo una guía para ordenar el tiempo y establecer las épocas idóneas para realizar las tareas agrícolas. Cada pueblo inventó su **calendario**.

CALENDARIOS DEL MUNDO

Son diferentes según se guíen por **el Sol** o por **la Luna**.

LOS AZTECAS crearon la **Piedra del Sol**. Es un monumento muy curioso que refleja los movimientos de los astros en el cielo.

LOS MAYAS crearon una **rueda calendárica** combinando dos calendarios: el **Tzolkín** y el **Haab**. ¡Mira qué bonita es!

LOS EGIPCIOS inventaron el primer calendario solar. Observaron el río Nilo y lo relacionaron con los astros, encontrando tres periodos que se repetían: **inundación, aparición de los campos** y **sequía**.

EL CALENDARIO CHINO está basado en la Luna. Tiene ciclos de doce años y cada uno se nombra con un animal.

EL CALENDARIO GREGORIANO es el que se utiliza hoy en día a nivel mundial. ¡Es muy preciso!

LUNA LUNERA... ¡SIEMPRE COMPAÑERA!

Bella y blanca, ilumina el cielo de nuestros paseos nocturnos.

La Luna es nuestro **satélite natural**. Gira alrededor de la Tierra atraído por la fuerza de gravedad.

¿CÓMO NACIÓ LA LUNA?

Hay varias teorías; una de ellas dice que surgió de un **enorme choque** entre un meteoro del tamaño de Marte y la Tierra.

LA CARA OCULTA DE LA LUNA

La Luna siempre nos enseña la misma cara. ¿Sabes por qué? Porque tarda lo mismo en dar una vuelta a la Tierra que en rotar sobre sí misma: 27 días y 7 horas.

¿Por qué cambia de forma?

Sol

La Luna tiene un aspecto diferente cada noche, pero nunca cambia su forma. Lo que ocurre es que unas veces la vemos entera y otras solo una de sus zonas.

FASES DE LA LUNA

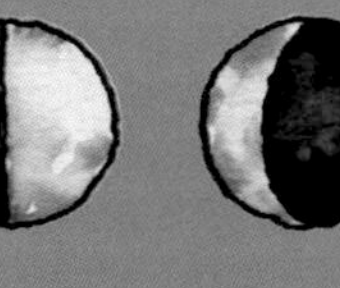

Luna nueva	Luna creciente	Cuarto creciente	Luna menguante	Luna llena

LA LUNA Y LAS MAREAS

SUBE LA MAR,
BAJA LA MAR...

A pesar de ser bastante más pequeña que la Tierra, su fuerza de gravedad actúa sobre nosotros.

La Luna provoca cambios en el nivel del mar. ¿Has visto una playa con marea alta y luego con marea baja?

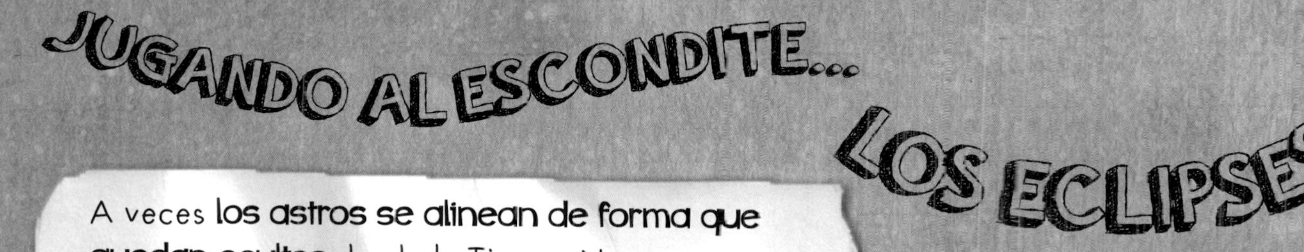

A veces **los astros se alinean de forma que quedan ocultos** desde la Tierra. No es muy frecuente que ocurra, y supone un espectáculo que merece la pena contemplar.

En un ECLIPSE SOLAR, el Sol (entero o una parte) queda oculto tras la Luna. Uno de los casos más bellos es el **eclipse anular**, en el que solo vemos el borde del astro, como un anillo.

ECLIPSE DE SOL

La Luna tapa al Sol

¡Nunca mires un eclipse directamente! Puedes usar unas gafas con un filtro especial, y aun así no conviene mirar más de 30 segundos.

ECLIPSE DE LUNA

La Tierra tapa a la Luna.

En el ECLIPSE DE LUNA la Tierra se interpone entre la Luna y el Sol y le hace sombra. Así, la Luna se queda oscurecida y un poco rojiza... **¡Está preciosa!**

Cuando se alinean el Sol y la Luna para ejercer su atracción sobre la Tierra, los efectos son mayores. Tiene lugar un fenómeno llamado **mareas vivas**.

Marea alta (sube el nivel del mar)

Marea baja (desciende el nivel del mar)

ALCANZAR LA LUNA

¡UN SUEÑO HECHO REALIDAD!

LA PRIMERA VEZ QUE UN HOMBRE PISÓ LA LUNA FUE UN MOMENTO MUY ESPECIAL.

Neil Armstrong, Edwin E. Aldrin y Michael Collins llegaron a la Luna a bordo de la **Nave Apolo 11**.

"Es un pequeño paso para un hombre, pero un gran salto para la humanidad".

NEIL ARMSTRONG

SALTOS DE GIGANTE

En la Luna la fuerza de gravedad es menor, así que **somos más ligeros** y podemos dar grandes saltos. Es como si pesáramos 6 veces menos.

Mar de la Lluvia

¿HAY MARES EN LA LUNA?

Sí, pero no tienen agua como en la Tierra. **Son llanuras muy grandes y de color oscuro.** Se formaron por la lava de volcanes lunares, hace millones de años.

Montes Apeninos

Mar de las Nubes

UN GRAN HONOR

Neil Armstrong ha pasado a la historia por ser el primer astronauta en pisar la Luna.

EXPLORAR LA LUNA

En la misión Apolo 15 usaron este **vehículo de exploración.**

MUCHOS PROYECTOS

Para el año 2020 la NASA planea crear unos módulos habitables en la Luna, como los de la Estación Espacial Internacional.

MAPA LUNAR

LA LUNA ES UNA ESFERA DE ROCA LLENA DE CRÁTERES, MARES Y MONTAÑAS.

Sonda Lunar Prospector

Mar de la Serenidad

Cráter Platón

Mar de la Tranquilidad (aquí fue donde alunizó el Apolo 11).

Montes Alpes

¡Y MONTAÑAS MUY ALTAS!
¿Sabías que en la Luna hay una montaña 2.000 metros más alta que el Everest? Se llama monte Leibnitz.

Monte Leibnitz

¿ES REALMENTE BLANCA?
La superficie de **la Luna es entre gris y marrón.** La vemos blanca porque refleja como un espejo la luz del Sol.

CRÁTERES GIGANTES
El espacio está lleno de meteoros, enormes trozos de roca que pueden chocar con otros astros. Como la Luna no tiene una atmósfera que la proteja, podemos ver las huellas de estos impactos: **los cráteres.**

¿VIVIRÍAS EN LA LUNA?

Una aldea en la Luna
Hay un proyecto de la Agencia Espacial Europea con este fin. Tendría varios módulos hinchables, como pequeños pisos, conectados entre sí por pasillos cubiertos.

¡Parece increíble!

Podrían vivir investigadores y científicos.

Nave Clementine

Se cree que sería posible cultivar verduras en invernaderos, generar energía y fabricar el agua necesaria para beber.

Radar

Paneles solares

Aldea lunar

En esta base de exploración lunar habrá robots que ayuden a los humanos.

¿QUIERES SER ASTRONAUTA?

Si tu sueño es viajar por el espacio, ver de cerca los astros y pisar la Luna...

¡PODRÍAS SER UNO DE ELLOS!

Necesitarás estudiar mucho y aprender a moverte sin gravedad.

¡QUÉ MAREO!

Con este giroscopio **dan vueltas en todas direcciones.** Al bajar puede que no sepan bien dónde está el suelo...

ENTRENAMIENTO PARA ASTRONAUTAS

AVIÓN DEL VÓMITO

¡Este avión coge altura y después cae más veloz que la montaña rusa más impresionante! Así los astronautas se acostumbran a la **caída libre.**

MUCHO ESTUDIO

Ciencias espaciales, Aviación, Geografía, Matemáticas... También deben manejar muy bien algunos programas informáticos y saber realizar distintos experimentos.

TRIPULAR NAVES

Los futuros astronautas deben aprender a **manejar muy bien las naves** que viajan al espacio.

SUBMARINISMO

Se entrenan a grandes profundidades, donde la gravedad es mayor. **Así aprenden a moverse** pesando 4 veces más.

SUPERVIVENCIA

El módulo de vuelta a casa puede caer en un lugar imprevisto. **Deben estar preparados** para sobrevivir en situaciones extremas, ya sea en tierra firme o en el mar.

INGRAVIDEZ

¡Esto parece muy divertido! Aprenden a vivir en un espacio con gravedad cero. Hacen la comida, duermen, trabajan... **y todo flotando.**

¡VAYA TRAJES!

La equipación de los astronautas está diseñada para hacer frente a peligros como radiaciones, impactos de chatarra espacial y temperaturas extremas.

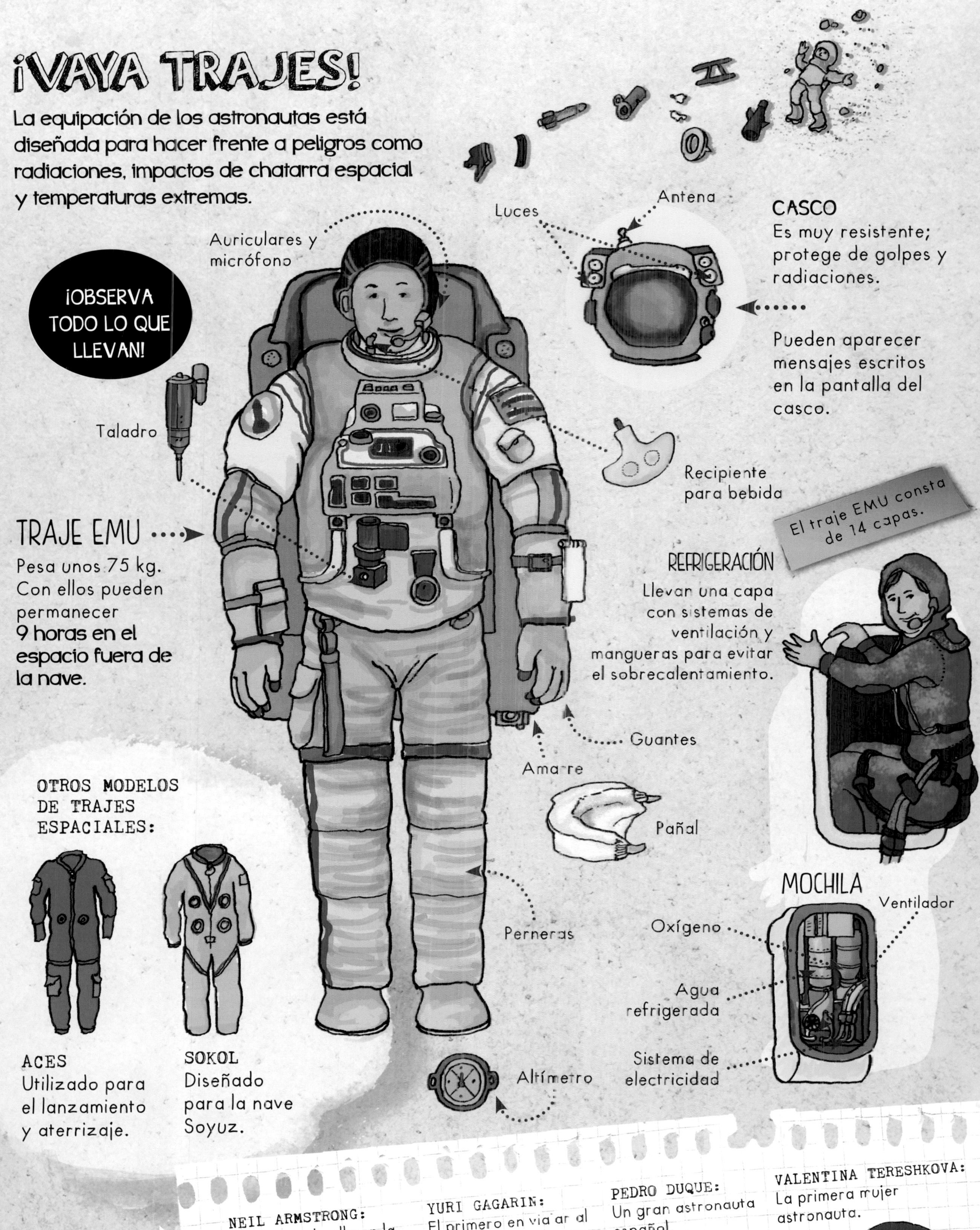

ASTRONAUTAS QUE HAN HECHO HISTORIA.

NEIL ARMSTRONG:
La primera huella en la Luna fue la suya.

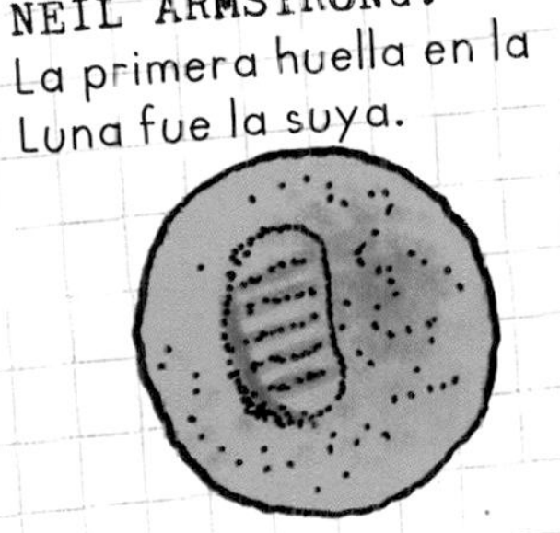

YURI GAGARIN:
El primero en viajar al espacio.

PEDRO DUQUE:
Un gran astronauta español.

VALENTINA TERESHKOVA:
La primera mujer astronauta.

LA ESTACIÓN ESPACIAL INTERNACIONAL

UN GRAN CENTRO DE INVESTIGACIÓN

Mide tanto como un campo de fútbol, es el objeto artificial más grande que se ha enviado al espacio y se fue construyendo por módulos.

Cooperación internacional

Entre varios países crearon este inmenso explorador que **orbita la Tierra 400 km por encima de nuestras cabezas.** Va a tanta velocidad que tarda una hora y media en dar una vuelta a nuestro planeta y da casi 16 por día.

Unity
Este módulo cilíndrico, lanzado en 1988, fue el primero. A partir de él se fue ampliando la estación.

PANELES DE CONTROL TÉRMICO

Estos radiadores térmicos **refrescan** la nave, expulsando el calor hacia fuera.

En los **LABORATORIOS** se hacen experimentos de muchos tipos.

PLATAFORMA DE ENERGÍA

Estos paneles se mueven constantemente para orientarse al Sol. **Captan la energía solar** y la transforman para su uso en la estación.

Columbus
Laboratorio europeo

Destiny
Laboratorio de la NASA (Estados Unidos)

Harmony
Aquí hay 4 compartimentos individuales para dormir.

Kibo
Laboratorio japonés

¡Provisiones!

La estación es como una isla en el espacio: sus tripulantes necesitan ciertos suministros que proceden de la Tierra. Por eso cuenta con **vehículos no tripulados** que llevan regularmente comida, agua, oxígeno y herramientas para trabajar. También se encargan de evacuar los residuos.

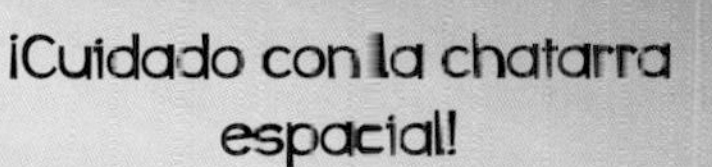

RECICLAJE

La estación tiene varios sistemas de reciclaje. **Pueden fabricar oxígeno y agua** a partir de otras sustancias, entre ellas ¡la orina!

COMUNICACIÓN

La tripulación está en constante comunicación con la Tierra. **A través de las antenas**, reciben instrucciones, mandan fotos y vídeos y ¡hasta hablan por radio con familiares y amigos!

PASEOS ESPACIALES

Así se llaman los expediciones fuera de la nave.

BRAZO ROBÓTICO

Desplaza a los astronautas por el espacio. Deben estar bien sujetos para evitar perderse.

Cupola

Ventana y puesto de control

Reparan la estación e instalan nuevos módulos.

Quest

Cámara de descompresión donde los astronautas permanecen 4 horas antes de salir al exterior.

¿QUIERES VERLA?

Si las condiciones atmosféricas son adecuadas, puedes ver la estación con tus propios ojos, como si fuera un avión muy rápido y brillante. Hay un servicio en Internet, llamado **Spot the station**, que te avisa cuando pasa por tu ciudad.

VIVIR EN EL ESPACIO

¡ALLÍ NO HAY GRAVEDAD!

Imagínate que eres tan ligero...

Parece divertido, pero no resulta sencillo: imagina un lugar donde todo está flotando. Los tripulantes de la Estación Espacial Internacional deben fijar a las paredes, al techo o al suelo todos los objetos, ¡incluso se sujetan ellos mismos!

EN LA ESTACIÓN

En la Estación Espacial Internacional viven entre 3 y 6 astronautas, que se renuevan cada **6 meses.**

¡A COMER!

La comida espacial va **guardada en bolsitas.** Solo tienen que añadir un poco de agua tibia y ¡listo!

Muchas veces se tapan los ojos.

La cama está sujeta a la pared.

EL AGUA ES UN TESORO

Una parte la traen de la Tierra y otra se recicla en la nave. Deben **«pescarla»** para lavarse los dientes, beber o cocinar.

¡Aquí todo está muy organizado!

¡Qué divertido!

El váter es muy pequeñín. Una aspiradora absorbe los desechos. Cada astronauta tiene su propia manguera para orinar.

ASEO PERSONAL

Se limpian con una esponja enjabonada que no necesita enjuagarse. **Ducharse es toda una aventura** y peinarse, casi imposible.

BOLSAS ACOLCHADAS

Hacen más blandas las paredes. ¡Es fácil darse un coscorrón!

... que puedes flotar y dar vueltas en el aire.
¡Y traspasar las puertas volando, como Supermán!
La hora de dormir
No tiene por qué ser por la noche. Se acuestan por turnos según la jornada de trabajo y cada uno tiene un compartimento.
¡Desde aquí se ve salir y ponerse el Sol 16 veces al día! El tiempo en la nave no es igual al de la Tierra. Para organizarse, los astronautas siguen el reloj terrestre.
Para moverse se ayudan de las asas.
Desde el observatorio Cupola se ven paisajes preciosos de la Tierra y el espacio. Los astronautas se pasan horas mirando y sacan unas fotografías impresionantes.
GIMNASIO
Parte de su trabajo es realizar experimentos.
LABORATORIO
En esta cámara con guantes incorporados aprenden a manipular los objetos como si estuvieran fuera de la nave. ¡No es nada fácil trabajar con esos guantes tan grandes!
Es muy importante el ejercicio para no debilitarse. Los astronautas tienen que estar en muy buena forma física.

UNA FAMILIA DE PLANETAS

EL SISTEMA SOLAR

¡Es nuestro barrio en el espacio!

¡Ponte el traje espacial, que emprendemos un viaje inolvidable!

ESTE SISTEMA PLANETARIO,

nacido hace 4.500 millones de años, **está lleno de astros** maravillosos y de muchísimas sorpresas.

EL CINTURÓN DE ASTEROIDES

Es una región donde hay millones de trozos de roca que quedaron sueltos durante la formación de los planetas.

EL SOL es el único miembro del sistema solar que tiene luz propia, por ser una estrella.

EL GRAN SOL,

corona el centro, y todos giramos a su alrededor. Con las órbitas formamos un tiovivo gigante: planetas, asteroides, cometas, algunos planetas enanos y meteoros.

MERCURIO

TIERRA

VENUS

MARTE

Los planetas giran sobre sí mismos, dando origen a **sus días y sus noches.**

Algunos tienen **satélites**, como nuestra Luna, y **anillos.**

Los cuatro planetas más cercanos al Sol, MERCURIO, VENUS, TIERRA Y MARTE, son los planetas rocosos, formados por roca compacta.

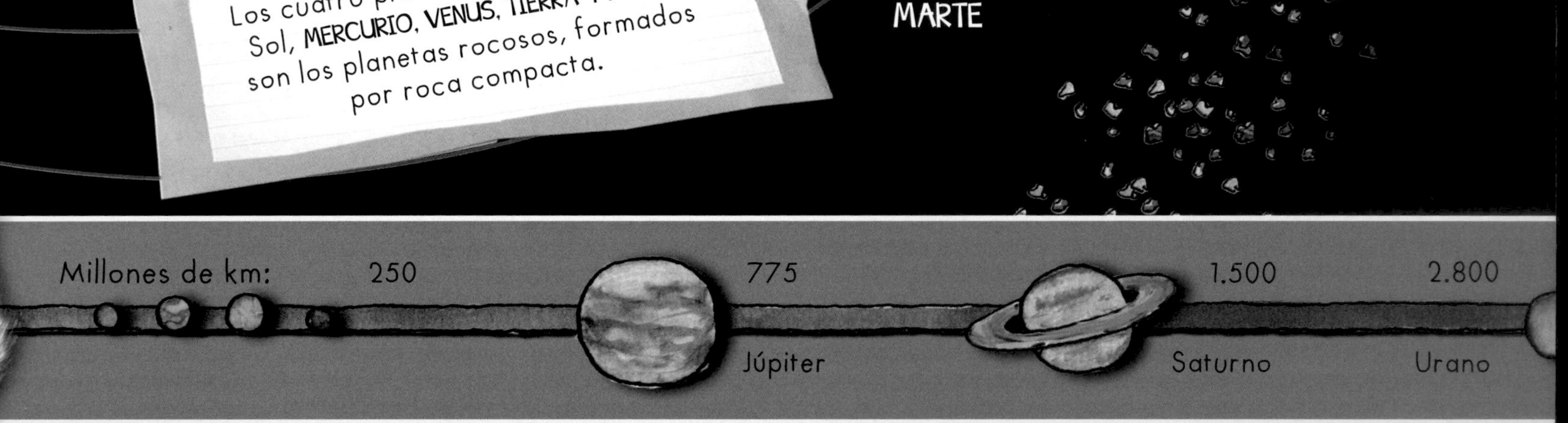

Millones de km: 250 — 775 — 1.500 — 2.800

Júpiter — Saturno — Urano

LOS COMETAS

Los cometas son bolas de hielo y roca de hasta 40 km. Cuando se acercan al Sol, parte de su hielo se derrite y forma una preciosa y larguísima cola. **Halley es uno de los más conocidos.** Se puede ver desde la Tierra cada 76 años. **En 2061 podrás verlo, ¡vete preparándote!**

EL CINTURÓN DE KUIPER

Muy lejos del Sol, existe esta agrupación de cientos de objetos helados. Allí nacen miles de cometas.

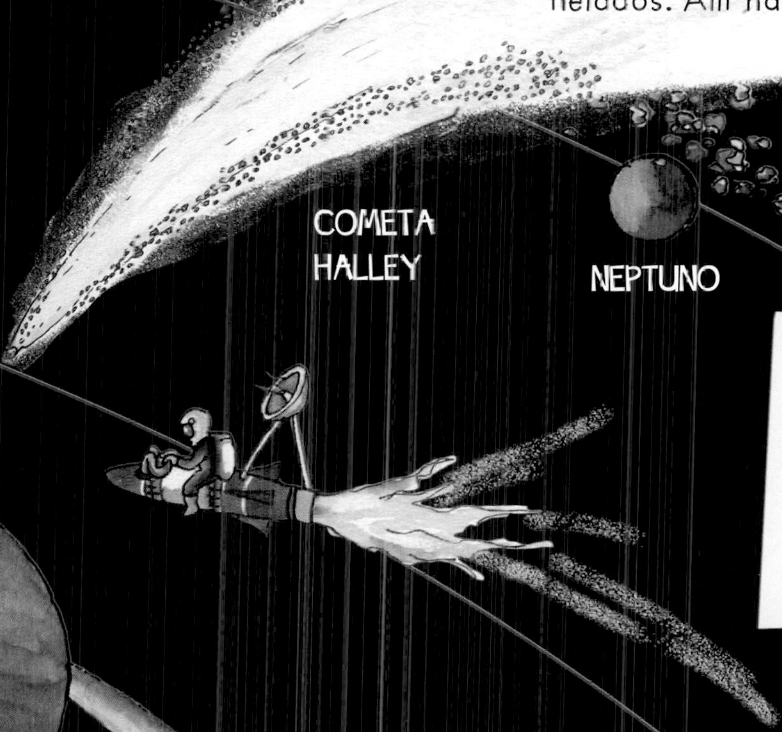

COMETA HALLEY

NEPTUNO

Más allá de Neptuno, hay algunos planetas enanos. El más conocido es **Plutón.**

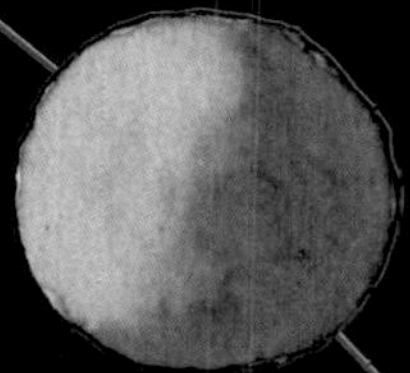

SATURNO

URANO

JÚPITER

METEOROIDES

Son una parte de un cometa o asteroide que se ha desprendido y viaja por el sistema solar.

¡PIDE UN DESEO!

Cuando un meteoroide atraviesa la atmósfera a gran velocidad, se «quema» por la fricción y produce una luz, que es lo que llamamos «estrella fugaz». ¿Has visto alguna vez una **lluvia de estrellas?**

Los otros cuatro, **JÚPITER, SATURNO, URANO Y NEPTUNO,** son los gigantes gaseosos, enormes globos de hielo y gas.

4.500

Neptuno

EL PLANETA DE LOS ANILLOS

VIAJE A SATURNO

Saturno es bello por naturaleza. **Sus anillos están hechos de trozos de hielo y polvo.** Algunos de ellos son pequeños como una hormiga y otros, grandes como un campo de fútbol. ¡Se pueden ver con un telescopio!

LOS ANILLOS

Se cree que son **restos de una antigua luna** que tenía el planeta y que se desintegró hace millones de años. Con el tiempo, podrían desaparecer.

Hielo y piedras

No es el único planeta con anillos, pero sí el único al que podemos vérselos desde la Tierra.

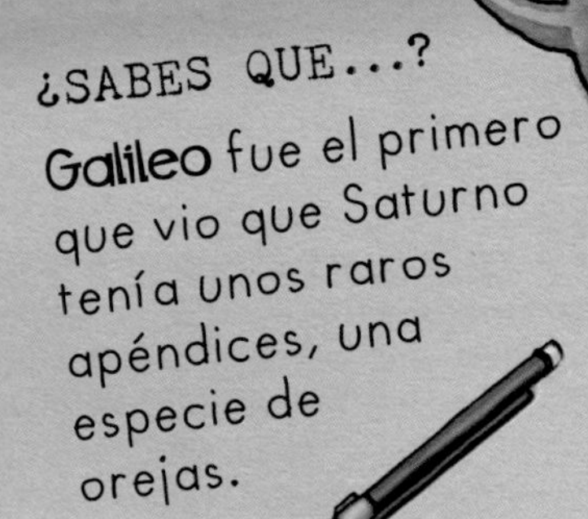

¿SABES QUE...?

Galileo fue el primero que vio que Saturno tenía unos raros apéndices, una especie de orejas.

Hace unos 400 años, descubrió los anillos, pero la imagen de su telescopio no era muy precisa.

PURO GAS

Este planeta es todo de gas, del mismo modo que las estrellas. ¡Pero no tan caliente!, por eso no arde.

Saturno podría flotar en el océano, si cupiera, como un enorme globo.

LAS LUNAS DE SATURNO

¡Es el planeta con más satélites!

UNA PEONZA VELOZ

Saturno es tan grande como rápido en su movimiento de rotación. Su día solo tiene **10 horas y 42 minutos.** Y su año equivale a 29 años nuestros. Su forma le ayuda a moverse deprisa: es un poco **achatado** en los polos y **barrigón** en el ecuador.

Tiene más de 200 lunas, pero solo 62 están identificadas. Aquí puedes ver algunas.

¡Mira qué bonitas!

Pan orbita por el interior de los anillos.

Encélado está repleta de géiseres que expulsan agua al espacio.

La más grande es **Titán.**

Sonda Cassini

El telescopio espacial Hubble, las misiones **Voyager I y II** y el largo viaje de la **sonda Cassini** nos han dado mucha información y fotos preciosas sobre Saturno y sus lunas.

¡Titán, una luna especial!

Un paisaje no tan distinto...

En 2005 la **sonda Huygens** aterrizó en la superficie de Titán. Las imágenes mostraron un paisaje desértico, con un suelo de hielo. También hay lagos, costas y hasta lluvia, aunque no de agua, **¡sino de gas metano!**

Sonda Huygens

Titán es la única luna con una atmósfera densa. La temperatura es de unos -200 °C.

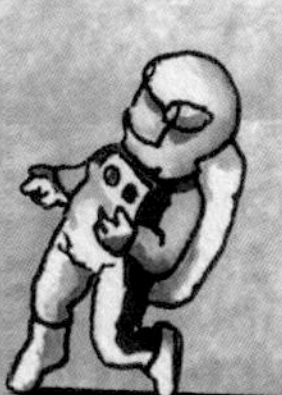

Saturno es el segundo planeta más grande del sistema solar, después de Júpiter. **Mide unas 764 Tierras.**

GIGANTES Y ENANOS

JÚPITER, LA GRAN BOLA DE GAS

PARECE PINTADO A PINCEL

Júpiter no tiene una superficie sólida, es todo gas. Su aspecto es muy colorido, con bandas y manchas de distintos tonos. Se trata de enormes **zonas de nubes con tormentas y vientos** de hasta 500 km/h.

LA GRAN MANCHA ROJA

Es la más grande y conocida. La forma una tormenta que nació hace siglos y es **dos veces el tamaño de la Tierra.**

Sonda Juno

UN ENORME IMÁN

Júpiter tiene unos cinturones de radiación muy peligrosos para las sondas de exploración. Además **es el planeta con el campo magnético más fuerte.**

¡Aquí no hay paraguas que aguante!

Júpiter es el planeta más grande del sistema solar. **Mide más de 1.300 Tierras.** Su día dura casi 10 horas.

¡GRACIAS, JÚPITER!

El tamaño y la enorme fuerza de atracción de Júpiter **nos protegen de la basura espacial.** La mayoría es atraída a su órbita, antes de que pueda llegar a la Tierra.

PLUTÓN Y LOS PLANETAS ENANOS

Cinturón de Kuiper

Plutón

Caronte

Hasta hace poco **Plutón** era considerado el más lejano de los planetas del sistema solar.

Hoy se le ha incluido en la categoría de los **planetas enanos**, al igual que **Ceres, Eris, Makemake y Haumea.**

Sonda New Horizons

MUCHO POR DESCUBRIR

La sonda Juno es la que más se ha aproximado a Júpiter. Llegó a su órbita después de viajar 5 años y ha enviado **unas imágenes espectaculares de este planeta.** ¡Puedes verlas en la página web de la NASA!

TAMBIÉN PLUTÓN TIENE LUNAS

Caronte es la más grande. ¿Sabías que el planeta y su satélite giran juntos como una bonita pareja de baile?

Ceres

Se los considera enanos porque, además de ser más pequeños que nuestra Luna, **no tienen tanta fuerza de gravedad** como los demás planetas.

PLUTÓN, UN ENANO HELADO

En su superficie hay elevaciones de hielo y nieve. La temperatura es de **230 °C bajo cero.**

Haumea

LOS PLUTOIDES

Así se llama a todos los planetas enanos que están más allá de la órbita de Neptuno. ¡Hay muchos!

Un séquito de lunas para Júpiter

Júpiter tiene más de 60 satélites. Los más grandes son **Ío, Europa, Ganímedes y Calisto,** y los descubrió Galileo Galilei en 1610. ¡Pueden verse con prismáticos desde la Tierra!

ÍO

Una luna con más de **400 volcanes.** Su color amarillo se debe a la presencia de azufre.

Europa

EUROPA

Su corteza es de **agua helada,** por eso se cree que debajo hay un océano. **¡Allí podría haber vida!**

Io

Plutón es **6 veces más pequeño que la Tierra** y tarda 248 años en completar una vuelta al Sol.

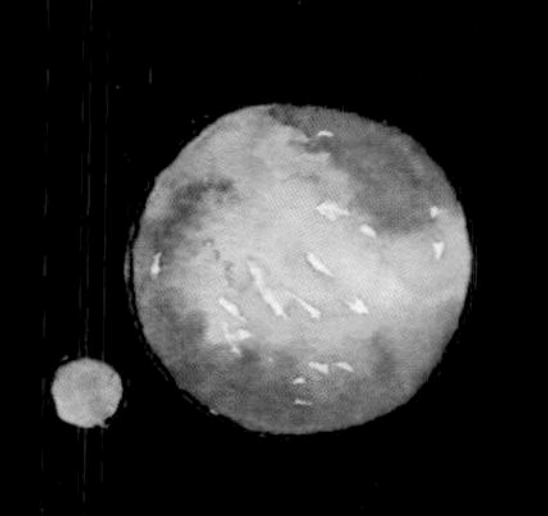

VENUS, EL MÁS CERCANO

EL LUCERO DEL ALBA

Es el planeta **más cercano a la Tierra**, y el punto más brillante que vemos en el cielo nocturno, después de la Luna.

Venus nos anuncia la llegada y el final de cada día. También la llaman **Estrella del Atardecer**.

Venus

Viajar a Venus cuesta entre 3 y 5 meses, pero no es sencillo debido a la alta temperatura.

Esta es la **Venus Express**, la primera misión de la Agencia Espacial Europea a este planeta. **Con los rayos infrarrojos** podía captar calor y movimiento. Su objetivo: realizar un mapa completo de la superficie.

¿QUÉ NOS ENCONTRARÍAMOS ALLÍ?

La atmósfera de Venus es tan densa que **atrapa todo el calor del Sol y no lo deja salir**. Es lo que se llama **efecto invernadero**. Algo de eso ocurre también en la Tierra. ¿Lo has escuchado alguna vez?

¡EL MÁS CALIENTE DEL SISTEMA SOLAR!

El termómetro llega a 450 ºC. ¡Se derrite hasta el plomo!

Sobrevoló Venus y llegó a atravesar su atmósfera.

Rayos de sol atrapados en la atmósfera.

Es un paisaje sin lunas ni océanos, **cubierto de cráteres, volcanes** y antiguas lenguas de lava.

Cráter en erupción

Monte Sapas

NADIE HA PISADO VENUS

Su **atmósfera** es **muy pesada**. Caminando por Venus sentiríamos el peso de **4 vacas** sobre nuestra cabeza.

MARTE, EL PLANETA ROJO

¿HAY ALGUIEN AHÍ?

Marte

Desde la Tierra **lo vemos** a simple vista como una **estrella de color rojo** anaranjado.

UN DESIERTO ROJIZO

El tono de la superficie de Marte recuerda al de un clavo oxidado, y se debe a que las rocas marcianas tienen **óxido de hierro.**

Exomars

UNO DE LOS PLANETAS MÁS EXPLORADOS

Se han llevado a cabo muchas **misiones** con el fin de aproximarse al planeta rojo. Incluso algunos robots han explorado su superficie para estudiarla. Algunas de las últimas misiones han sido la **Mars Odiyssey, la Spirit, la Opportunity o la Exomars.**

¿Sabías que varios paisajes terrestres se parecen a los de Marte?

Se piensa que en algún momento **hubo agua sobre su superficie** y que aún la hay ¡bajo tierra!

La temperatura es de unos -50 °C y en los polos tiene casquetes de **hielo.**

El monte Olimpo es el mayor del sistema solar.

Spirit

Así es el Everest de la Tierra.

Laberinto de la noche

Valle Marineris

¿EXISTEN LOS MARCIANOS?

Es posible que en el pasado existieran formas **sencillas de vida.** Sin duda es el planeta más habitable del sistema solar, después de la Tierra.

Rover de la **misión Opportunity**

Marte tiene cauces de ríos secos, dunas, valles y enormes volcanes.

Muchas veces hemos fantaseado con tener unos vecinos en el universo.

EXPLORACIÓN ESPACIAL

El sueño del ser humano

Viajar al espacio es un deseo que viene de tiempos remotos. **Comenzó a hacerse realidad en el siglo xx.**

¡PREPARADOS, LISTOS, YA!

Hace unos 60 años, Rusia inició **la carrera espacial.** A bordo de la nave Sputnik 2 la perra Laika fue enviada al espacio y orbitó la Tierra.

Gracias a los avances tecnológicos hemos mandado al espacio naves con tripulación y sin ella.

ANIMALES AL ESPACIO

Antes de atreverse con personas, se enviaron animales para ver cómo reaccionaba su cuerpo al alejarse de la Tierra.

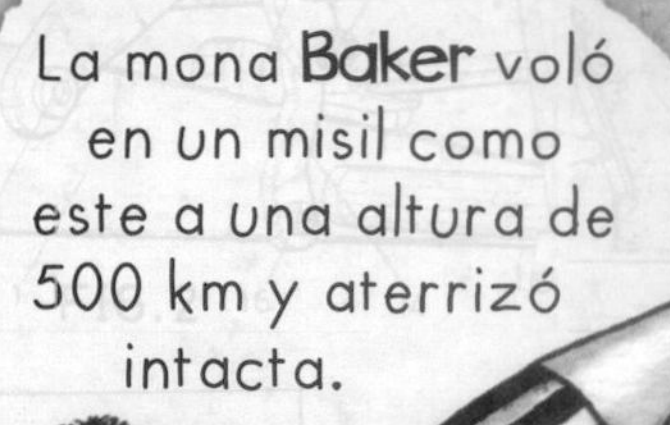

La mona **Baker** voló en un misil como este a una altura de 500 km y aterrizó intacta.

Sam y Enos
Estos chimpancés fueron de los primeros en conocer la Tierra desde el espacio, gracias a la NASA.

Se han enviado arañas, peces ranas, roedores... **¡y hasta caracoles!**

Felicette fue la primera gata astronauta. Viajó unos 100 km y aterrizó en paracaídas.

Héroes y heroínas

Yuri Gagarin fue el primer ser humano que viajó al espacio. Lo hizo en 1961 en la nave **Vostok 1.**

Desde entonces, unos **600 astronautas** han despegado de la Tierra, alcanzando objetivos que parecían un sueño.

Incluso hemos aprendido a **vivir y trabajar** en las estaciones espaciales.

TRES, DOS, UNO... ¡CERO!

Para que una nave pueda salir al espacio necesita muchísima potencia. **Debe superar la gravedad de la Tierra** y alcanzar una gran velocidad, por eso se usan **cohetes lanzadores.**

Los Ariane son los cohetes europeos más importantes.

¿CÓMO FUNCIONAN LOS COHETES?

Sus tres motores son muy potentes y **funcionan a propulsión**, expulsando gases hacia abajo con fuerza para poder subir.

Cada motor se encarga de una etapa. Cuando se le acaba el combustible, se desprende y cae, para que la nave sea más ligera.

Uno tras otro, **los motores impulsan la nave** hasta que alcance la velocidad de 28.000 km/h.

Esta **cápsula** es la que transporta la nave donde irán los astronautas, o bien un satélite o un telescopio espacial. Se la llama **carga útil** o **bodega de equipos.**

3ª etapa

2ª etapa

1ª etapa

¡DESPEGUE!

PARTES DE UN COHETE

Cono o cofia

Bodega de equipos

Tanques de combustible

Conjunto grupo de cola

Tobera

CABO CAÑAVERAL

Este es **el centro de lanzamiento** de cohetes más importante de la NASA. Está en Florida, Estados Unidos.

LA ASTRONOMÍA EN NUESTRA VIDA

La ciencia espacial ha aportado avances en otras áreas.

SATÉLITES ARTIFICIALES

Hay cientos de satélites orbitando la Tierra con fines muy distintos. Aquí te mostramos algunos, pero hay más.

Meteorológicos
Nos ayudan a saber qué tiempo va a hacer.

De comunicaciones
Funcionan como grandes antenas. Emiten señales de radio y televisión, pero también de teléfono e Internet.

Astronómicos
Para observar astros y galaxias.

TURISMO ESPACIAL

¿Sabías que quieren hacer un transbordador para llevar a Marte a 100 pasajeros? En 80 días llegarían al planeta rojo y pasarían un tiempo **en una aldea artificial.**

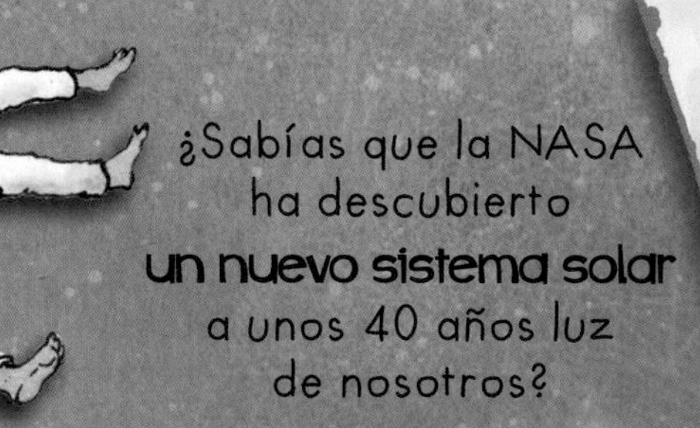

¿Sabías que la NASA ha descubierto **un nuevo sistema solar** a unos 40 años luz de nosotros?

Dicen que tendría siete planetas similares a la Tierra y que tal vez podríamos llegar a vivir en ellos... **¿Llegaremos a conocerlos?**

Seguimos **aprendiendo**, pues tan grande es el universo como la curiosidad que nos despierta.